Eine Prise Reimkultur

AF272006

BURKHARD ÖHLRICH

Eine Prise Reimkultur

Die Deutsche Nationalbibliothek verzeichnet
diese Publikation in der Deutschen
Nationalbibliografie; detaillierte bibliografische
Daten sind im Internet über http://dnb.dnb.de
abrufbar.

Herstellung und Verlag: Books on Demand
GmbH, Norderstedt
ISBN: 978-3-8482-5157-5

INHALT

SEID MIR GEGRÜßT!

Seid mir gegrüßt, ihr lieben Leut,
gegrüßt in dieser Runde.
Ich möchte Sie, besonders heut,
erfreu'n mit meiner Kunde.

Lehnt Euch getrost bequem zurück,
vernehmt aus meinem Munde,
so manches nette, kleine Stück,
gereimt für diese Stunde.

Folgt mir in meine kleine Welt,
ins Reich gereimter Sätze.
Ich hoffe sehr, das dies gefällt,
ich niemanden vergrätze.

WARUM!

Ich sitz heut hier, frag mich wieso,
kenn all die netten Menschen nicht.
Doch da, der Dame, bin ich froh,
erkenn ich wieder, ihr Gesicht.

Ich bin heut hier, frag mich warum,
weiß nicht, ob ich was sagen will.
Doch wär es töricht, vielleicht dumm,
blieb ich vor all den Menschen still.

Sie kamen ja, fällt mir grad ein,
zu hören, was mich so bewegt.
Gern trag ich vor, so soll es sein,
bevor noch wer nach Hause geht.

Ein kleiner Spaß, verzeihn Sie mir,
ich war nicht ganz der Sinne Herr.
Mit Freude werd ich lesen hier,
und wenn's gefällt, auch noch viel mehr.

REIMEN WILL GELERNT SEIN!

Meine Herren, erst die Damen,
grüß ich, die so zahlreich kamen,
um zu hören, mit Genuss,
meinen neusten Schreiberguss.

Meine Herren, ob sie wissen,
was die Zellen ackern müssen,
bis aus Dunklem ohne Licht,
wird ein schönes Reimgedicht?

Meine Herren, will mal sagen,
schafft man so, in fünf, sechs Tagen,
manchmal, wenn das Glück Dir lacht,
ist's erledigt über Nacht.

Meine Herren, wenn sie glauben,
jeder könnte Reime schrauben,
ohne Pep und Reimgespür,
sag ich kess, „man ab dafür".

Meine Herren, „nur probieren",
schnellstens sie die Lust verlieren,
kehrn zurück, wie könnt es sein,
in die Welt des Moselwein.

Meine Herren, ihre Damen,
mögen gern gepflegte Rahmen,
nicht gereimtes „Tüdelüt",
was beklemmt, drückt aufs Gemüt.

Meine Herren, ihre Damen,
grüß ich , weil sie Zeit sich nahmen,
um zu hören mit Genuss,
mein Gereimtes ohne Stuss.

BESPASSEN!

Ich mag so gern bespaßen,
wo immer es auch geht.
Natürlich nur in Maßen,
sonst wirkt es überdreht.

Das Plaudern zu genießen,
dies ist mein schönstes Ziel,
wenn lockre Sprüche sprießen,
die lustig wie ein Spiel.

Ein Hin und Her, sich flachsen,
doch niemals nur gemein,
lässt Sympathien wachsen.
Ich denk, so soll es sein.

JEDE STULLE!

Jede Stulle, die ich esse,
ob mit Butter, Käse, Wurst,
findet gar nicht mein Interesse,
denn sie macht mir großen Durst.

Gönn mir Zwieback, den ich breche,
schön in frische Milch ich tauch,
und durchs Mischen dieser Zeche,
niemals ich was trinken brauch.

SCHWARZER TEE!

Ein Stück Zucker in die Tasse,
gut gefüllt mit schwarzem Tee.
Dies Getränk hat einfach Klasse,
es ist das, worauf ich steh.

Ich werd ruhiger, wenn ich's trinke,
fühl mich wohlig wie ein Schaf.
Es passiert, dass ich versinke,
in ein ausgedehnten Schlaf.

PLAN B!

Ach, wenn mir so die Stimmung fehlt,
trink ich gern weißen Wein.
Sobald jedoch der Weingeist quält,
stell ich das Saufen ein.

Drum wechsel ich, so heißt Plan B,
vom weißen Wein auf rot,
und wenn ich weiße Mäuse seh,
dann lache ich mich tot.

REINE STEINE!

Eine feine, Kleine,

was ich an ihr seh.

Kleine, reine Steine,

zieren ihr Collier.

Feine Steine, Deine,

bald gehör'n sie mir.

Meine Steine, meine,

stehl sie einfach Dir.

BEFREIT VOM DRUCK!

Ich leite stets, was mich bedrückt,
hinab in den Abort,
befreit vom Druck und tief beglückt,
setz ich mein Leben fort.

So halt ich mir die Seele rein,
verschwunden schnell die Last,
dann kehrt alsbald die Ruhe ein,
kein Druck mehr, keine Hast.

KLECKERMATSCH!

Heut schauerte der Regen,
es machte plitsche, platsch.
Alsbald gab's auf den Wegen,
nur Dreck und Kleckermatsch.

Er kam uns recht gelegen,
für uns, die wir noch klein.
Der nasse, dunkle Segen,
lud schnell zum Buddeln ein.

Schon schufen wir Strategen,
manch Bauwerk mit der Hand,
beim Bau von Brückenstegen,
es jäh ein Ende fand.

Die Mutter schien dagegen,
sie rief uns Kinder barsch,
ich will euch trockenlegen,
hereinspaziert, marsch, marsch.

Ach schad, wie ungelegen,

es glitscht doch grad so schön.

Du kannst uns später pflegen,

mit Seife, Kamm und Fön.

LIEBE IRMA,

am Anfang meines Schreibens,
da teile ich Dir mit,
die schöne Zeit des Bleibens,
bei Dir, das war ein Hit.

Obwohl es nur gegossen,
warst Du so sehr bemüht,
dass wir es ha'm genossen,
was zwischen uns erblüht.

Ich konnte ja nicht ahnen,
wie sehr es Dich bewegt,
dass wir in gleichen Bahnen,
viel Weg's zurückgelegt.

Auch Du durch frühe Taten,
von Leidenschaft geprägt,
hast Berge von Oblaten,
zur Sammlung angelegt.

Ja, Irma lies die Zeilen,

fand grad 'ne Rarität,

würd gerne mit Dir teilen.

Du siehst, das noch was geht.

Er wird Dich so berauschen,

der frühe alte Druck.

In Bälde dann beim Tauschen.

Es grüßt für heut,

Hein Muck

DER GRASHALM!

Ein Knabe lag traurig im Grase,

er schaute zum Himmel empor.

Ihm kitzelt ein Hälmchen die Nase,

ein anderes kitzelt sein Ohr.

Das Kitzeln erhellt seine Laune,

sein Lächeln, das kehrte zurück.

Gar schön ist's, zwei Hälmchen, man staune,

bescherten dem Knaben dies Glück.

HOHLE KÖPFE!

Hohle Köpfe, leere Hirne,
einfach nur 'ne weiche Birne.
So erscheint mir oft als Wicht,
mancher Mensch der Oberschicht.

Wilde Partys, Geldgeprasse,
hebt sie aus der breiten Masse.
So wohl denkt manch Promi-Kind,
dass sich toll und wichtig find.

Schmale Lippen, schlaffe Häute,
kein Problem für diese Leute,
denn ein kleiner Botoxspritz,
gibt der Haut den festen Sitz.

Teure Yachten, Protzpaläste,
immer gerne nur das Beste.
Niemals etwas nett und schlicht,
so was dient dem Protzen nicht.

Edle Pelze, Schmuckgehänge,
Platin, Gold in jeder Menge.
Alles, was den Eitlen frönt,
wird mit links in bar gelöhnt.

Lebensnöte, viele Arme,
edel der, wer sich erbarme,
der zum Teilen wär gewillt,
hätt so vieler Not gestillt.

MADELAINE!

In vieler Männer Spinden klebt,
ein Bild von Madelaine.
Der Anblick ihre Laune hebt,
weil nackig drauf zu sehn.

Die rekelt sich auf einem Bett,
und zeigt uns ihre Haut.
Verführerisch und sehr kokett,
sie in die Linse schaut.

Ach Madelaine, so mancher denkt,
was wär das Leben schön.
Du hättest mir Dein Herz geschenkt,
und würdst nie wieder gehn.

Beileibe dies ist nur ein Wunsch,
so wird es niemals sein.
Denn Madelaine, zieht keine Flunsch,
gehört nicht Euch allein.

Zu Fuß!

Sein Ziel ist klar umrissen,
der Weg dorthin ist weit.
Zu Fuß nach Illertissen,
das braucht schon seine Zeit.

Kaum hat er seinen Packen,
sich stramm ins Kreuz gerückt,
da spürt er wie's im Nacken,
ganz aasig ziept und drückt.

Oh weh, das wird ja heiter,
wenn dauernd etwas zwickt.
Gehst mit dem Zwicken weiter,
wär's sicher nicht geschickt.

Bald melden sich wohl Blasen,
am Fuß und im Genick,
und schon die Schmerzen rasen,
gar fiebrig wird Dein Blick.

Drum denkt er sich mitnichten,
mein Ehrgeiz ist verraucht.
Kann gut darauf verzichten,
ich werd zu Haus gebraucht.

NUR MUT!

Leichter wird's nimmer,
in dem was man tut.
Eher wird's schlimmer,
mit fehlenden Mut.

DER WICHTEL!

Gewusst hab ich's schon immer,

gesehn ihn leider nicht.

Ich hab in meinem Zimmer,

ein hilfsbereiten Wicht.

Kaum bin ich aus dem Hause,

wird er sofort aktiv,

und reinigt mit Gebrause,

den Müll und meinen Mief.

So geht es schon seit Jahren,

die gleiche Prozedur,

möcht mehr von ihm erfahren,

doch fehlt mir seine Spur.

Ich könnt ihn ja erschrecken,

das hat ein Wicht nicht gern.

Sonst lässt er mich verdrecken,

bleibt meiner Bude fern.

Mein Frauchen wird was wissen,
ich ahn, dass sie ihn kennt.
Drum fänd ich's sehr gerissen,
wenn sie sich „Wichtel" nennt.

DAS GROßE GLÜCK!

Häufig sind's die Unsympathen,
die das große Glück ereilt.
Nette Menschen ewig warten,
bis sich was auf sie verteilt.

DER BART!

Die Frage wird mir oft gestellt,
wieso trägst Du 'nen Bart.
Ich sage dann, weil's mir gefällt,
macht männlich mich und smart.

Ein Mann mit Bart so meinte wer,
verbirgt gern sein Gesicht.
Der tät sich mit der Wahrheit schwer,
und dem vertraut er nicht.

Ich denke mir und lächle dann,
da wird wohl was geschürt.
Man warnte ihn vorm Buschemann,
der manches Kind entführt.

Ein Vorurteil der dummen Art,
wirft mich nicht aus der Bahn.
Ich trage stolz auch weiter Bart,
mit Pep und viel Elan.

GUTEN APPETIT!

Es liegt nicht an den Drüsen,
dass er so mollig rund.
Meist Fettes mit Gemüsen,
scheint hier der wahre Grund.

Sein Spruch von schweren Knochen,
ist leider nur 'ne Mär.
Es liegt an Muttis kochen,
ihr Essen wiegt so schwer.

Stets Sahne in die Soße,
wie früher sie noch kocht.
So hat's der dicke Große,
schon immer gern gemocht.

Ihm wird ein simples Essen,
ganz schnell zu seinem Fest.
Kein Krümel wird vergessen,
verputzt der letzte Rest.

Ja, schaut man auf die Menge,

die dieser Mensch verschlingt.

Wen wundert da die Enge,

mit der die Hose ringt.

KLEINE PRISE!

Eine kleine Prise Salz,

auf die Stulle mit dem Schmalz.

Nur mit Salz hat's den Effekt,

dass es schmeckt.

NICHT SPOTTEN!

Das Lästern über jene,
die falsch verschraubte Bene,
nur weil sie nicht komplett,
das find ich gar nicht nett.

Wer schielt auf seinem Auge,
weiß Gott zum Spott nicht tauge,
ein kleiner Silberblick,
versprüht doch Charme und Schick.

Der Spötter über Blöde,
ist unfair, mies und öde,
der spürt es selber nicht,
wenn ihn der Hafer sticht.

Was gar nicht ich erlaube,
Gequassel über Taube,
verlacht ihn wie ein Tor,
nur weil's nicht hört das Ohr.

Wer Jux macht über Stumme,

ist meistens selbst der Dumme,

denn oft verlässt sein Mund,

nur Lästerei und Schund.

Nichts Böses über Blinde,

die Armen mit der Binde,

ganz ohne Augenlicht,

vergnüglich ist das nicht.

EIN BIESTIGER VERMIETER!

Der Hausherr hieß Herr Dieter,
ein biestiger Vermieter,
hat nur darauf geblickt,
dass ja sich alles schickt.

Er mochte keine Kinder,
Erwachsene nicht minder,
für ihn hat nur gezählt,
wie man die Menschen quält.

Sein Liebstes das Belauern,
dazu in Büschen kauern,
das konnte er perfekt,
hat so manch Kind erschreckt.

Schon bei dem kleinsten Fehler,
hat vielen der Krakehler,
aufgrund der Wohnungsnot,
den Rausschmiss angedroht.

Das „Credo" von dem Dieter,

ich bin hier der Gebieter,

hinein in einen Sack,

mit Euch, ihr übles Pack.

Doch bald, es wurde kälter,

schob er mit Koksbehälter,

mit dumpfem „Trippe trapp".

zum Kellerraum hinab.

Da lag schon auf der Lauer,

der Engelmann, ein Schlauer,

blockiert mit List und Pfiff,

der Kellertüre Griff.

Noch lange gab's Gezeter,

doch irgendwann, viel später,

da kehrte ein die Ruh,

die Türe blieb schön zu.

Am Morgen half Frau Hemme,

dem Dieter aus der Klemme,

der kroch, schwarz wie ein Mohr,

aus seinem Loch hervor.

Nichts war's mehr mit Gebieter,

ganz lieb wurd' der Herr Dieter,

so hat der Kohle Dreck,

erfüllt den guten Zweck.

WEISHEITEN!

Sind die Töne spitz beim Schreier,
traf der Tritt des Mannes E....
Unterleib.

Ein faules Wesen, scheut den Besen.

Lack und Leder, trägt nicht jeder.

Dumm und dreist, versteht sich meist.

EMANZIPIERT!

Ein Amselweib fliegt voller Hast,
der Frühling naht, von Ast zu Ast.
Sie bräucht, wie's Vögel halt so tun,
die Eier fürs Gelege nun.

Dazu, so will es die Natur,
bedarf's ner strammen Mannsfigur,
der willentlich und mit bedacht,
ihr Nachwuchs fürs Gelege macht.

Mit einem Blick hat sie erkannt,
da fliegt ja schon mein Aspirant.
Den hält sie auf, mit kessem Piep,
Du bist mein Held, Dich hab ich lieb.

Drum folge mir, Du stolzer Hahn.
Der Nestbau hier ist längst getan.
Hinauf zu dieses Baumes Kron,
dort ist mein Reich, das ich bewohn.

Dem Amselmann, sonst gar nicht scheu,

war diese Art am Weibchen neu,

die einfach nimmt emanzipiert,

was ihr gefällt und was sie ziert.

Er fügt sich, doch, es fällt so schwer,

denn gestern noch war er der Herr,

der lustig und mit breiter Brust,

das Weib sich nahm, wie ihm die Lust.

WEISE!

Weise wirken Deine Gesten,

weise auch ein jeder Spruch.

Weise wirkst Du auf die Nächsten,

weise nur nicht Dein Geruch.

Weisheit birgt Dein tiefes Wissen,

Weisheit spricht aus Deinem Buch.

Weisheit nur lässt Du vermissen,

bei 'nem kleinen Waschversuch.

DER PUBERTÄTS-SCHNÖSEL!

Vierzehn Jahre, voll der Schnösel,
alles nur noch oberkrass.
Eltern über Nacht die Dösel,
alt wie aus dem Ahnenpass.

Keine Peilung, auf die Normen,
nichts dabei, was jener schätzt.
Jedwed, was in rechten Formen,
ist für Schnösel krass und ätzt.

Cooles Handy, dumpfes Simsen,
so er heut die Zeit vertreibt.
Für die Zukunft stetes Bimsen,
lästig auf der Strecke bleibt.

iPod, Facebook, sind die Welten,
daran nimmt er gerne teil.
Doch ein Urlaub mit den Zelten,
ist schon lange nicht mehr geil.

Einen Tip, äh krass, ich habe,

Junge, äh, es klingt banal.

Formulierung gute Gabe,

wenn Du wieder tickst normal.

DAS KREUZ!

Ob breit das Kreuz,

und auch die Stirn,

ist nichts Garant,

für sehr viel Hirn.

MATHE!

Käseweiße Nasenspitzen,
knallerote Wangenhaut.
Ahnungslose Schüler schwitzen,
weil es sie vor Mathe graut.

Ellenlange Zahlenreihen,
hochverfluchtes Teufelswerk.
Niemals wird Erfolg gedeihen,
sitzt im Geist ein Mathezwerg.

Hilflos starren ihre Augen,
auf das leere Blatt Papier.
Wozu soll schon Mathe taugen,
lieber Gott, komm helfe mir.

Mühevolles Rätselraten,
Lösungswege nicht in Sicht.
Alle hier im Dunkeln waten,
kein Ergebnis schwebt ans Licht.

Unvorstellbar, selbst mit Hexen,
kommt hier keiner richtig weit.
Somit hagelt's wieder Sechsen,
wie schon oft in letzter Zeit.

TRAU NICHT NUR!

Vertrau nicht nur dem Sachverstand,
vertrau auch aufs Gefühl.
Der Sachverstand ist nur Garant,
fürs Leben im Kalkül.

DER ENGEL!

In Andacht, leicht gesenkt den Kopf,
geschlossen seine Lider.
Sein dichtes Haar, ein wirrer Schopf,
fällt sanft zum Nacken nieder.

Der rechte Arm umschließt die Brust,
hält so sich fest umfangen.
Die Geste rein und unbewusst,
lässt ihn zur Ruh gelangen.

Ein kleiner, nackter Körper sitzt,
auf rotem Tuch mit Sternen,
ein Flügelpaar im Rücken blitzt,
zum Flug in weite Fernen.

So weiß aus Porzellan erfreut,
der Engel uns zum Feste,
wenn pünktlich jedes Jahr erneut,
er grüßt die Weihnachtsgäste.

NIKLAUS!

Gerötet die Äuglein,

voll tränigem Nass,

die Haare zerzauselt,

die Wangen so blass.

Was stimmt Dich so traurig,

Du liebliches Kind,

was drückt Dein Gemüte,

erzähl's mir geschwind.

Ach Papa, wie schade,

mein Schühchen ist klein,

da passt doch der Teddy

vom Niklaus nicht rein.

Ich wünsch mir so sehnlichst,

den brummelnden Bär,

doch für meine Schühchen,

da ist er zu schwer.

Ich denke, wir tauschen,
die Schuhe, mein Spatz.
In meinen Galoschen,
da hat er viel Platz.
Der Niklaus, der Gute,
ahnt nichts von der List.
Er denkt, dass Du Kindlein,
ein Großfuß schon bist.

KEIN TANNENGRÜN!

Kein Tannengrün im Hause,
kein Tannenzweig, der schmückt.
Was denkt so ein Banause,
der sich vorm Schmücken drückt.

Fast alle hier im Lande,
beschmücken jeden Raum.
Doch vielen, welche Schande,
fehlt's an 'nem Weihnachtsbaum.

Ein Bäumchen in der Stube,
mit Kügelchen bestückt.
Da schaut der kleinste Bube,
mit Äuglein, hellverzückt.

Warum nicht manche Kerze,
Lametta reingehängt.
Schon geht ei'm auf das Herze,
wenn man an Weihnacht denkt.

Wie groß ist erst die Freude,

beim späteren Gesang.

Wenn's stille im Gebäude,

hört nur der Lieder Klang.

Wenn jeder hat Geschenke,

die nur für ihn gedacht.

Ob mancher daran denke,

warum die heil'ge Nacht?

DIE HEIL'GE NACHT!

Wenn spät im Jahr die Säge singt,

der Wichtelmann sein Äxtlein schwingt.

Wenn Tannenwerk verziert den Raum,

das Festgewand den Tannenbaum.

Wenn Düfte durch die Häuser ziehn,

von Zucker, Zimt und Rosmarin.

Wenn Gaben wandern ins Versteck,

ein jeder weiß um ihren Zweck.

Wenn Dunkelheit den Kerzenschein,

erhellen lässt so zart und fein.

Wenn Kindlein proben den Gesang,

der alten Lieder frohen Klang.

Wenn nur noch Gutes Dich bewegt.

und Wärme sich im Herzen regt.

Dann, ihr Christen kommt mit Macht,

das Weihnachtsfest, die heil'ge Nacht.

Silvester!

Wieder geht ein Jahr zu Ende,
heute nun am letzten Tag,
feiern wir die Jahreswende,
wie's ein jeder gerne mag.

Mittags isst man meist die kleine,
lecker Wurst nach Wiener Art.
Dann zum Kaffee stehen feine,
Pförten auf dem Tisch parat.

Dabei schauen wir Miss Sophie,
jenen Sketch aus Engeland,
sehen James als Dienerprofi,
trotz 'nem großen Brausebrand.

Früh am Abend Kinder singen,
kostümiert vor jedem Haus,
Rummelpott will Gutes bringen,
treibt die bösen Geister aus.

Und zum Nachtmahl, meist um Achte,
mundet nun der Karpfen frisch.
Vorsicht, Gräten, immer sachte,
wird gemahnt am Abendtisch.

Überbrückt wird dann mit Spielen,
bis wir kurz vor Mitternacht,
mit 'nem Glasel Sekt, dem Kühlen,
vor der Uhre halt gemacht.

Jetzt, das Zählen der Sekunden,
bis es endlich wurde wahr,
sie sind voll, die Zeigerrunden,
sei gegrüßt, du neues Jahr!

DAS GOLDPAAR!

Wenn Jahre sich vergolden,
sprich fünfzig Jahr ein Paar,
dann wünscht man mit der Holden,
ein Fest, ganz wunderbar.

Drum darf's noch Träume geben,
als wär man zwanzig Jahr.
Noch einmal das erleben,
wie's früher so schön war.

Er!

Heut will ich Dich verwöhnen,
das ist mein größter Wunsch.
Champagner werd ich löhnen,
statt Brause, Bier und Punsch.

Dazu aus sieben Gängen,
ein herrliches Menü.
Genuss bei Schmuseklängen,
bis morgens in der Früh.

Manch Tänzchen könnt man wagen,
so einfach mittendrin.
Dann werd ich Dir gern sagen,
wie sehr verliebt ich bin.

Ein Röslein soll Dich schmücken,
drapiert in Deinem Haar.
Ach Liebes, mein Entzücken,
wohl niemals größer war.

Ich höre schon ihr Raunen,
wenn Du gazellengleich,
die Leute bringst zum Staunen,
mit Schritten federweich.

Wir sollten gar nicht zaudern,
bei Tisch nur recht vergnügt,
von schönen Dingen plaudern,
und nichts, was Stimmung trügt.

Will Küsschen Dir wohl setzten,
aufs Näschen, Deinen Mund.
Die Äuglein Dir benetzen,
zur vorgerückten Stund.

Und fängt es an zu tagen,
dann hoffe ich doch sehr,
Du wirst Dich nicht versagen,
für noch ein bisschen mehr.

Sie!

Champagner, Schatz, mein Magen,
Du nimmst mich auf den Arm.
Den kann ich nicht vertragen,
der schlägt mir auf den Darm.

Menü mit sieben Gängen,
jetzt bin ich aber platt.
Beim allergrößten Zwängen,
nach einem bin ich satt.

Och, Du mit Deinem Tanzen,
denk nur an Deine Gicht.
Wir beiden ollen Schranzen,
das seh ich leider nicht.

Ein Röslein in den Haaren,
inmitten all dem Grau.
Das macht mich zu dem wahren,
Star in der Monsterschau.

Mit Wasser in den Beinen,
wie eine Feder gehen.
Die werden alle weinen,
wenn die mich gehen sehn.

Ja, plaudern oder klönen,
das will ich gern mit Dir.
Von Enkeln und den Söhnen,
die alle heute hier.

Ein Küsschen ganz in Ehren,
das darf es gerne sein.
Nur werde ich mich wehren,
kriegst Du Dich nicht mehr ein.

Ich möcht' Dir noch was sagen,
das mein ich richtig nett.
Ein jeder schläft vorm Tagen,
in seinem eignen Bett.

Am Anfang!

Am Anfang war's noch Liebe,
doch bald schon Quälerei.
Wenn's einfach nur so bliebe,
sag ich, es ist vorbei.

Was hatten wir für Pläne,
wir meinten es so gut.
Doch bald hat manche Träne,
genommen uns den Mut.

Wir sprachen oft vom Kinde,
das festigt unser Band.
Doch wurd's nur, wie ich finde,
als Alibi benannt.

Kaum einer unsrer Schritte,
verlief in gleicher Spur.
Gerichtet war'n die Tritte,
auf unsre eigne nur.

So gingen hin die Jahre,

ganz ohne Dialog,

so dass das wirklich wahre,

Vertrauen sich entzog.

Drum sag ich ohne Reue,

lass enden hier die Zeit.

Dass frei wir für das Neue,

uns halten nun bereit.

NICHT VERBIEGEN!

Tief im Innern weiß ich heute,
wahre nur den eignen Schein.
Denn so viele eitle Leute,
müssen nicht Dein Vorbild sein.

Warum soll man sich verbiegen,
wenn man nicht wie diese denkt.
Sicher kann nur der sich wiegen,
der sein Weg alleine lenkt.

EIN NEUER TAG!

Es grüßt die Nacht das Morgenlicht,
ein neuer Tag erwacht.
Er drängt hervor, zeigt sein Gesicht,
das still die Nacht verbracht.

Nun regen sich in großer Zahl,
die Menschen und's Getier.
Erweckt vom warmen Sonnenstrahl,
wird's munter im Revier.

Ein frühes Vöglein singt sein Lied,
mit glockenhellem Klang.
Die Nacht ins weite Dunkel schied,
besingt sein froher Sang.

So mancher wiegt sich noch im Schlaf,
vorbei ist schnell die Ruh.
Dann strebt der Letzte lieb und brav,
dem Tagewerk bald zu.

WALTER!

Mir war so, als würd ich ihn kennen,
er hatte so wissend geschaut.
Obwohl viele Meter uns trennen,
erschien er mir seltsam vertraut.

Ich hab mich versucht zu erinnern,
was sagt mir denn nur dies Gesicht.
Ich habe vergeblich gegrübelt,
erinnern, das konnt ich mich nicht.

Doch plötzlich kam hinkend der Fremde,
gestützt auf nem Stock zu mir her.
Er fragt mich, mit brüchiger Stimme,
ich glaub, Du erkennst mich nicht mehr.

Ich bin's doch, der Walter aus Tagen,
in den wir als Kinder gespielt.
Wir waren schon damals wie Brüder,
weil jeder zum anderen hielt.

Ich wollte noch einmal im Leben,
Dir nah sein, nach so langer Zeit.
Wüsst gerne, wie's Dir so ergangen,
was hielt so das Leben bereit.

Wir haben die Stunden genossen,
gesprochen bis tief in die Nacht.
Es waren manch Tränen geflossen,
doch meistens, da wurde gelacht.

Er hat in der Früh mich verlassen,
ich sah ihn verflucht niemals mehr.
Er ist aus dem Leben gegangen,
die Schmerzen war'n einfach zu schwer.

IM ALTER!

Wer werd ich sein im Alter,
wie lebt es sich in mir,
ein miesepetrig Kalter,
solang, bis ich krepier?

Ach nee, das wär doch schade,
ich halt's mit dem Humor,
ich setz der späten Gnade,
ein Lächeln stets davor.

Schon klar, so manches Leiden,
erfordert reichlich Kraft,
drum muss man den beneiden,
der's mit dem Lächeln schafft.

Warum nur soweit denken,
hab ich zu mir gesagt,
was uns die Jahre schenken,
wer weiß, bin überfragt.

MENSCH WILLIBALD!

Mensch Willibald, nun lach doch mal,
denn Lachen ist gesund.
Komm raus aus Deinem Tränental,
dafür gibt's keinen Grund.
Sieh alle hier sind gut gelaunt,
nur Du maulst dröge rum.
Was auffällt und zutiefst erstaunt,
da sonst Dein Mund nie stumm.

Was immer auch der Anlass war,
nun krieg Dich wieder ein.
Die Stimmung ist doch wunderbar,
beim Kerzenlicht und Wein.
Nimm ein, zwei Schluck, die tun Dir gut,
dann wirst Du es ja sehn.
Die Freude kehrt zurück ins Blut,
schon wird's für Dich auch schön.

DER PROFESSOR!

Ernsthaft und spröde im Wesen,
sehr in der Sprache gespreizt.
Sensationell gut belesen,
doch schnell durch die Dummheit gereizt.

Fachlich hat keiner sein Wissen,
niemand erreicht sein Niveau.
Deshalb möcht keiner ihn missen,
sein Können stimmt alle hier froh.

Gestern erhielt er zu Ehren,
den Preis für Fachkompetenz.
Dies wird sein Blick nicht verklären,
aufgrund seiner Intelligenz.

BLICK ZURÜCK!

Verändern sich die Zeiten,
schaut auf dem Weg zurück.
Sieht wie die Tage gleiten,
nach vorne Stück für Stück.

Gar schnell wird man zum Alten,
obwohl man's kaum bemerkt.
Doch viele neue Falten,
das Altersbild verstärkt.

Man ist schon weit gegangen,
durch Tiefen und auch Höhn.
Nun braucht sich keiner bangen,
den Rest zu überstehn.

AUS DEM AUGE!

Leise mag mancher sich sehnen,
nach Zeiten, die einst unbeschwert.
Keiner sich schämte der Tränen,
weil's Weinen zum Kinde gehört.

Nichts von den fröhlichen Stunden,
verblieb uns, sind lange dahin.
Alles, was jemals verbunden,
entflogen dem Auge und Sinn.

Heute läuft jeder in Bahnen,
egal, ob die Arbeit ihn scheut.
Niemand konnt vorher erahnen,
ob Wege er später bereut.

UNBEACHTET!

Man wird sehr schnell bescheiden,
viel schneller, als man denkt,
wenn niemand Dich kann leiden,
und nie Beachtung schenkt.

Was nützen da schon Gesten,
der Kampf um Sympathie,
wenn keiner von den Nächsten,
spielt Deine Melodie.

SEI NICHT TRAURIG!

Sei nicht traurig, alter Mann, es ist gewesen,
glaube nicht, es fängt noch mal von vorne an.
Denn im Spiegel kannst Du wahres Alter lesen,
so manches Fältchen erinnert Dich daran.

Sei nicht traurig, alter Mann, genieß das Leben,
ja, die Jugendzeit kehrt niemals mehr zurück.
Lass das Hetzen und das nimmermüde Streben,
wahr im Herzen Dir, das frühe, schöne Glück.

Sei nicht traurig, alter Mann, schließ alte Wunden,
als das Schicksal Dir nicht immer gnädig war.
Spreng die Ketten und vertrau auf schöne Stunden,
dann wird Dein Blick für das Leben wieder klar.

Sei nicht traurig, alter Mann, vergiss die Tränen,
die geweint in mancher stillen, dunklen Nacht.
Magst Du selber Dich im tiefen Tale wähnen,
hat schon so mancher ganz lieb an Dich gedacht.

Sei nicht traurig, alter Mann, glaub an die Treue,

wie die Haltung Deiner Freunde zu Dir spricht.

Nimm gern sie an und verbuch sie ohne Reue,

denn ein schlechter Mensch erfährt die Treue nicht

DIE GEFÜHLE!

Die Gefühle, die uns leiten,

wählen oft die falsche Spur.

Das passiert zu allen Zeiten,

ist zumeist ein Umweg nur.

HEIMAT!

Oh Heimat, lieb Heimat,
ich trag Dich in mir.
Ich weiß, Dich zu finden,
wenn Sehnsucht ich spür.

Tief innen fühlt jeder,
auch wenn er's verhehlt,
der lang in der Ferne,
die Heimat ihm fehlt.
Kein Plätzchen auf Erden,
welch je man gesehn,
kann Heimat verdrängen,
vor dieser bestehn.

Oh Heimat, lieb Heimat,
wo immer Du bist.
Man bleibt Dir verbunden,
wirst ewig vermisst.

NUR QUALITÄT!

Die Größe und Gewicht,
das zählt hier nun mal nicht.
Hier ist nur Qualität gefragt,
die alles überragt.

Nur Tand und Einerlei,
war hier noch nie dabei.
Wir führen keinen Billigmist,
der nicht von Klasse ist.

Vom Wissen und Know-How,
getrost man uns vertrau.
Denn alles, was im Laden steht,
sich nur um Luxus dreht.

Vom Preis und seinem Wert,
man nur dezent erfährt.
Doch jeder Kunde weiß es schon,
bei uns herrscht Diskretion.

DIE LEBENSZEIT!

Gestern blieb die Zeit nicht stehn,

kann man an dem Heute sehn.

Morgen tut's den nächsten Schritt,

nimmt uns auf die Reise mit.

Doch wie lang, es klingt banal,

ist im Grund der Zeit egal,

denn, noch eh der Kopf gedreht,

man vor seinem Schöpfer steht.

NICHT ALT!

Seitdem Du auf Rente,
da fühlst Du Dich alt,
doch Deine Talente,
die geben Dir Halt.
Ja, zeig Deine Zähne,
auch wenn sie nicht echt,
vergieß keine Träne,
glaub fest an Dein Recht.

Verweil nicht in Stille,
sprich aus, was Dich quält,
ein eiserner Wille,
hier heute noch zählt.
Vertrau Deiner Stärke,
die immer noch da.
Geh tapfer zu Werke,
und mach Dich nicht rar.

Sei nimmer der Alte,

der jammern im Eck,

nein, preis jede Falte,

sei offen und keck.

Beweis Dir mit Mute,

mir fehlt's nicht an Schwung,

das ist ja das Gute,

so hält man sich jung.

LIEBER VATER!

Je verstummt ist Deine Stimme,
die so gerne zu uns sprach.
Dein Verständnis, diese Güte,
klingt noch deutlich in uns nach.

Lieber Vater, Du musst reisen,
steigst zum Himmel nun empor.
Folgst dem Weg der Anverwandten,
die gegangen einst zuvor.

Deine Lieben hier auf Erden,
lässt voll Trauer Du zurück.
Alles, was mit Dir verbunden,
weist auf Liebe, Schmerz und Glück.

Wisse Du, dass Deine Lücke,
niemals wieder schließt sich zu.
Geh nun hin, wir alle wünschen,
schlafe wohl in ew'ger Ruh.

ALLE DÄMME BRECHEN!

Wenn alle Dämme brechen,
entweicht dem Mensch Manier.
Sein Hauen und sein Stechen,
macht ihn zum wilden Tier.

Seit tausenden von Jahren,
verweist er auf Kultur.
Verfolgt, die vor ihm waren,
auf deren Ahnen Spur.

In aller Herren Ländern,
wo Menschen auf der Welt,
kein Zeitpunkt konnt ihn ändern,
den Drang nach Gut und Geld.

Stets warn's nur kleine Gruppen,
die skrupellos durch Macht,
und kriegerische Truppen,
viel Leid der Erd gebracht.

Läßt man die Blicke schweifen,

besieht, was je geschah,

dann wird man schnell begreifen,

wir heute, sind dem nah.

DIE PSYCHE!

Sobald Dir im Leben,

die Psyche versagt,

wird all Dein Bestreben,

von Mühsal geplagt.

DER INTRIGANT!

Einigkeit im wahren Sinne,

gilt ihm nie als hehres Ziel.

Lieber wie im Netz die Spinne,

zieht er auf sein falsches Spiel.

Stets im Zentrum der Intrige,

nutzt er Fehler gnadenlos.

Jede Art von mieser Lüge,

knüpft er für den Todesstoß.

UNBEHAGEN!

Was soll mir das jetzt sagen,
dass dieser Mensch so schreit.
Er sorgt für Unbehagen,
ich glaub, der Kerl sucht Streit.

Steht da mit breiten Beinen,
sein Kopf ist puterrot.
Es will mir grad so scheinen,
dass dieser Mensch mir droht.

Er rudert mit den Armen,
die Hand zur Faust geballt.
Sein Auftritt weckt Erbarmen,
und wirkt wie durchgeknallt.

Gehör halt zu den Netten,
ich lass dies Ekel stehn.
Werd tausend Euro wetten,
auf's Nimmerwiedersehn.

TIERE!

Leider gibt es immer mehr,
„Tiere" in dem Menschenheer.
Dicke, groß und kleine,
enttarnt als miese Schweine.

Immer gab es diese Brut,
voller Hohn und kalter Wut.
Alte, jung und schlanke,
tabulos ohne Schranke.

Jeder hat erlebt ihn schon,
den so brutalen Hurensohn.
Schwarze, weiß und rote,
was kümmern sie Verbote.

DIE ERSTEN SCHRITTE!

Sein Bäuchlein drängt zur Mitte,

als Halt für's Gleichgewicht.

Noch zaghaft seine Schritte,

doch fallen tut er nicht.

Ein Füsslein vor das andre,

so trippelt er dahin.

Schaut alle, wie ich wandre,

sagt hoch gereckt sein Kinn.

Die Händchen seitlich tasten,

nach etwas, was ihn schützt.

Ins Leere sie stets fasten,

sein Gang blieb ungestützt.

Am End der ersten Reise,

steht Mama stolz, hält Wacht.

Ihr Bub hat still und leise,

allein sein Weg gemacht.

FREUDIG BEGLÜCKT!

Es hat sie ergriffen,

sein inniges Spiel,

bevor sie in Flammen,

bedarf es schon viel.

Der Strich seines Bogens,

so lieblich und weich,

liebkoste die Geige,

wie niemand ihm gleich.

Die pechschwarzen Haare,

umfangen sein Haupt,

sein so liebes Gesicht,

ihr die Sinne beraubt.

Wer hat Dich, oh Spielmann,

vom Himmel geschickt,

so seufzte die Schöne,

gar freudig beglückt.

Ich würd Dich erhören,

hat sie noch gedacht,

da schrillte der Wecker,

vorbei war die Nacht.

DER VERSTAND!

Der Verstand hat das Gewisse,

was man braucht zum wisse müsse.

Weisste nix, so wisse dies,

Dein Verstand ist wahrlich mies.

ALS ICH DICH SAH!

Du bist so gut zu mir,

und dafür dank ich Dir.

Du bist in dieser Welt,

der Mann, der mir gefällt.

Du bist mein Sonnenschein,

brauch Dich zum glücklich sein.

Du bist im Herzen mein,

ich lieb nur Dich allein.

Als ich Dich damals sah,

war ich sofort Dir nah.

Ich sah ein Augenpaar,

wie keines brauner war.

Ich sah den Schalk darin,

und Deinen frohen Sinn.

Ich glaub Dir jedes Wort,

will nie mehr von Dir fort.

MEINE TAUBE!

Mein Schmetterling, mein Häschen,
mein lieber, kleiner Spatz.
Will setzen Dir aufs Näschen,
ein riesengroßen Schmatz.

Mein Alles, meine Liebe,
ach süße, kleine Maus.
Du bist im Weltgetriebe,
ein wahrer Augenschmaus.

Mein Kätzchen, meine Taube,
mein heißes Schmusetier.
Ich lieg vor Dir im Staube,
gehöre ganz nur Dir.

Mein Schnucki, Du mein Putzi,
Du flotte Zuckerschnut.
Es grüßt Dein lieber Lutzi,
wird immer sein Dir gut.

DER SÄUGLING!

Der Säugling schreit aus Seelenpein,
vor Hunger oder Trotz.
Sollt Weiches in der Windel sein,
fließt aus der Nase Rotz.

Der Säugling schreit, wenn Mama da,
auch dann wenn sie mal weg.
Sie summt ein Liedchen, lallala,
doch das hat wenig Zweck.

Der Säugling schreit, ist ihm zu warm,
natürlich wenn's zu kalt.
Man wiegt das Bündel auf dem Arm
und hofft, es schläft nun bald.

Der Säugling schreit oft in der Nacht,
was immer auch der Grund.
Er prüft wohl, ob hier alles wacht,
zu jeder Zeit und Stund.

Der Säugling schreit, wenn's Bäuchlein bläht,

auch dann, wenn's ihm zu laut.

Die Mama bald am Rädlein dreht,

und an den Nägeln kaut.

Der Säugling schreit und tut und macht,

so uns in Atem hält.

Man hegt allmählich den Verdacht,

das Schreien ihm gefällt.

TEDDYBÄR!

Vom Knuddeln arg verschlissen,
viel Pelz hat er nicht mehr,
liegt weich auf seinem Kissen,
klein Bübchens Teddybär.

Er ist sein Freund seit Jahren,
auch wenn schon ziemlich alt,
ist Schutz ihm bei Gefahren,
sein Tröster und sein Halt.

Mit Bärchen kann er sprechen,
denn sprechen kann er auch,
drückt man die Rückenflächen,
brummt es aus seinem Bauch.

So vieles kann er machen,
Bein, Arm und Kopf verdrehn,
schon prustet er vor Lachen,
wenn sie verkehrt rum stehn.

Es gibt noch zu erwähnen,

wenn traurig war der Bub,

dann war'n es seine Tränen,

die er im Pelz vergrub.

AUGENSTERN!

Leicht ergraut sein Schläfenhaar,
der Rest ist braun gewellt.
Sein Blick aus blauem Augenpaar,
in ihre grünen fällt.

Lächelnd neigt sie ihren Kopf,
das Weiß der Zähne blitzt.
Umrahmt von einem roten Schopf,
wirkt's lustig und verschmitzt.

Luftig, bunt ihr Sommerkleid,
am Fuß die gelben Schuh.
Ihr Täschchen hält sie griffbereit,
passt wunderbar dazu.

Ihre Hand in seiner liegt,
so schlendern sie dahin.
Ein jeder sich im Schritte wiegt,
im liebevollem Sinn.

„Liebes, komm, ist gar so heiß.

Der Tisch ist schon gedeckt.

Ich spende uns 'nen Becher Eis,

der sicherlich gut schmeckt."

„Papa, schön, da freu ich mich,

ich mag doch Eis so gern.

Am liebsten aber hab ich Dich.

Du bist mein Augenstern."

MEIN DIAMANT!

Kein Tag ist wie der andre,
kein Tag mit Dir sich gleicht.
Seit ich gemeinsam wandre,
mit Dir, fällt alles leicht.

Bereits am frühen Morgen,
Dein sonnerhellter Schein,
bezieht gar still verborgen,
mein Herzenskämmerlein.

Was brauche ich Geschmücke,
was brauche ich denn Gold.
Ich hab zu meinem Glücke,
nur immer Dich gewollt.

Du Liebste meines Lebens,
mein Schatz, mein Diamant.
Ich suchte lang vergebens,
bis ich Dich „Schmuckstück" fand.

DER KATER!

Kaum ist der Tag zu Ende,
der Abend bricht herein.
Schon streunt er durchs Gelände,
der kleine Sonnenschein.

Auf samtig weicher Pfote,
schleicht er durch sein Revier.
Ein Fell mit Tigernote,
verschönt das Katertier.

Er ist stets auf der Suche,
nach Vogelei und Maus.
Alsbald hört man Gefluche,
liegt so was vor dem Haus.

Daheim die Schmusekatze,
doch nachts die Beute winkt.
Dann schlägt sie zu die Tatze,
so will es ihr Instinkt.

ES IST DER WIND!

Sag mal so, es ist der Wind,
der mir bläst sein Lied ins Ohr,
wild und laut, wie manches Kind,
das toniert im Kinderchor.

Nutzt gekonnt den Augenblick,
pfeift mit Heulen mir beherzt,
um den Hals auf mein Genick,
bis der Nacken steif und schmerzt.

Nicht genug, der Fiese stiehlt,
grad, dass ich's noch fliegen seh',
mir vom Kopfe, weil's nicht hielt,
mein geliebtes Haartoupet.

Sag es frei, ich mag es nicht,
wenn der Wind verbläst mein Schatz,
himmelwärts und fern der Sicht,
segelt nun mein Haarersatz.

WANDERTAG!

Links von mir läuft Heiner,
rechts der dicke Klaus.
Heiner ist ein Kleiner,
Klaus sieht wuchtig aus.

Hinter mir geht Willi,
neben ihm Patrice.
Willi trägt 'nen Brilli.
Patrice hat's mit der Lies.

Vorn stolziert der Jockel,
eitel wie ein Pfau.
Er trägt so gern Monokel,
und denkt, das macht ihn schlau.

Zuletzt marschiert der Fritze,
an seiner Seite Paul.
Der Fritz mag keine Hitze,
auch Paul macht diese faul.

Da gibt es noch die Trine,
die quasselnd ohne End,
mit deutungsvoller Miene,
von ein zum andern rennt.

DIE WINDE!

Erst melden sich Winde,
dann rührt sich der Grund.
Er scheißt auf den Rasen,
der dämliche Hund.

IMMER IM MAI!

Na schau mal, der Flieder,

der blüht ja schon wieder.

Seh Rehe und Hasen,

beim Äsen und Grasen.

Auch rege die Dachse,

sind wieder auf Achse.

Stets immer im Mai,

wenn der Winter vorbei.

Erlebe seit Tagen,

wie Bäume ausschlagen.

Die Bienen und Hummeln,

so aufgeregt summeln.

Das Vögel behüten,

ihre Weibchen beim Brüten.

Stets immer im Mai,

wenn der Winter vorbei.

Merk Menschen erwachen,

hör fröhliches Lachen.

Stell fest, mit Erstaunen,

hinfort sind die Launen.

Will tanzen mit Wonne,

geweckt von der Sonne.

Wie immer im Mai,

bin ich wieder dabei.

SOMMER 2011!

Der Sommer ist vorüber,

ein Sommer ohne Freud.

Kein Sommer je war trüber,

als dieser klagt man heut.

Der Sommer war doch Schiete,

als Sommer viel zu kalt.

So'n Sommer, mault der Fiete,

weet gar nicht, wat dat schallt.

Den Sommer kannst verschenken,

als Sommer viel zu feucht.

Ein Sommer zum Ertränken,

der uns gen Süden scheucht.

Wann Sommer kommst du wieder,

als Sommer warm und mild,

in dem man seine Glieder,

so schön am Strande grillt.

REIZEND!

Oh, wie reizend meine Liebe,
einfach zauberhaft und schön.
All die frischen Blütentriebe,
sind gar herrlich anzusehn.

Wie auch meine Blicke schweifen,
welches Plätzchen sie gewahr.
Alles blüht zum Herz ergreifen,
edel, bunt und wunderbar.

Aus dem Wirken ihrer Hände,
wuchs hervor dies Blütenmeer.
Nur wer Poesie empfände,
wird mit Fleiß dem ganzen Herr.

Hier ein zarter Hauch von Flieder
und da dorten, dies Rosé.
Fall entzückt aufs Knie hernieder,
wenn ich diese Wunder seh.

Liebe Frau von Schwafelhausen,

nichts ist so, wie es erscheint.

Wissen sie, mein Gärtner Clausen,

hat's mit mir nicht gut gemeint.

Statt das Unkraut zu vernichten,

ließ er's wachsen ungestört.

Als Ergebnis kann man sichten,

was sie heute so betört.

SCHADE!

Oh, wie wohlig ich mich fühle,
lieg so faul im heißen Sand,
hör der Wellen ihr Gespüle,
plätschernd an dem Meeresrand.

Sinnend wandert mein Gedanke,
hin zur holden Männerschar,
spür dies Kribbeln in der Flanke,
bei so manchem Exemplar.

Wie der braungebrannte Schöne,
der dem Meer entgegenstrebt,
einer dieser netten Söhne,
wo man gern sein Blick erhebt.

Nur ein Hauch von Badehose,
schmiegt sich um des Herrn „Oho",
da sein Höschen sitzt sehr lose,
drängt hervor sein strammer Po.

Angespannt bei jedem Schritte,

zeigt sich mir die ganze Pracht.

Hät verdrängt die gute Sitte,

wenn er bei mir Halt gemacht.

Doch er hält in meiner Nähe,

drückt 'nen Jungen, oh, wie cool.

Noch so'n Schmucker wie ich sehe,

leider nur sind beide „schwul".

Ach, wie ist mir plötzlich fade,

wieder nichts fürs Fraungeschlecht.

Oft die Süßen, wirklich schade,

sind für „sich", wie ungerecht.

EIN JUNGER MANN!

Ein junger Mann aus gutem Haus,
der ging im Park spaziern.
Ein grober Kerl rief: „Kohle raus,
sonst wird Dir was passiern."

Der Jüngling sprach: „Du Pappgesicht,
komm lass mir meine Ruh.
Du merkst vielleicht, ich fürcht mich nicht,
bin Meister im Kung-Fu.

Ich glaub, wenn wer sich fürchten sollt,
musst Du es eher sein.
Dann hast Du's leider so gewollt,
wenn ich's Dir schenke ein.

Du denkst, es wär ein Stahlgewicht,
was Dir den Kopf verbeult.
Am End bist Du's, Du kleiner Wicht,
der dann vor Schmerzen heult.

Nun mach Dich fort, Du großer Held,
mein Geld, das bleibt bei mir.
Und tue nichts, was mich verprellt,
sonst werde ich zum Stier."

Der Grobian voll Ehrfurcht schweigt,
verpufft ist sein Begehr.
Weil innerlich er sich verneigt,
vor diesem stolzen Herr.

WANN WIRD'S WÄRMER?

Wenn wieder mal die Tage,
so trübe, nass und kalt,
dann sei erlaubt die Frage,
ob's wärmer wird nun bald?

Man sehnt herbei die Sonne,
mit Licht so warm und hell,
legt ab mit höchster Wonne,
sein Winterkleid gar schnell.

Kein Mensch mag dieses Graue,
es drückt ihm aufs Gemüt,
schaut gern ins Himmelblaue,
und freut sich, wenn was blüht.

PROST!

Man sieht ihn seine Kreise ziehn,
ein Pläuschchen hier, mal dort,
und niemand kann dem Charme entfliehn,
er führt das große Wort.

So hebt er oft geziert sein Glas,
ein „Prost" entfleucht dem Mund.
Schon läuft der Sekt, das edle Nass,
auf ex in seinen Schlund.

Ein „Ah, das hat jetzt gut getan",
schiebt er noch hinterher.
Die rote Nase zeigt Elan,
sagt mir, der trinkt gern mehr.

Und später dann zum Gang mit Fisch,
schlürft er den weißen Wein.
Trinkt bald zum Steak, frisch auf den Tisch,
den Roten hinterdrein.

Ein Schnäpschen hier, ein Bierchen da,

umsonst auch Whiskey schier,

und als er fort, die Frag lag nah,

wer war das Kerlchen hier?

HEIN IST DUN!

Schade, dass Du gehen musst,
es war doch grad so schön.
Ja, jetzt wird's mir auch bewusst,
Du kannst nicht mehr gut stehn.

Komm, mein Hein, ich helfe Dir.
Jung, Jung, was bist Du schwer.
Die paar Schrittchen bis zur Tür,
nun lauf man los, mein Herr.

Nö, mein Hein, so geht das nicht,
so drückst mich an die Wand.
Krieg bei Deinem Kampfgewicht,
kein Halt und keinen Stand.

Immer nur der Nase nach,
kein Wackeln mit dem Mors.
Ein, zwei Schritt, gemach, gemach,
schon sind wir voll auf Kurs.

An der Wand, das Ahnenbild,
war sowieso schon alt.
Rüstung mit dem Abwehrschild,
wird in den Müll geknallt.

So, mein Hein, man gute Nacht.
Das Taxi steht bereit.
Allen hat's viel Spaß gemacht,
bis dann in nächster Zeit!

TIEF INS GLAS!

Ich weiß doch, wie das läuft,
erst fängt es harmlos an,
doch schnell er sich besäuft,
mein lieber Ehemann.

Er guckt gern tief ins Glas,
wo immer wir auch sind,
bedient sich aus dem Fass,
bis breit er wie ein Stint.

Was ist daran so toll,
hab ich mich oft gefragt,
dass jemand bis er voll,
sich's in die Kehle jagt.

Erschwerend kommt hinzu,
wenn ihm der Pegel steigt,
dann gibt er keine Ruh,
weil er zum Labern neigt.

Ich mach das Beste draus,

lass gehen ihn allein,

ich bleibe gern zu Haus,

und er kippt sich ein rein.

LAUT ÄRZTEN!

Laut Ärzten und der Wissenschaft,

sind Deutsche oft zu schwer,

ob Döner, Burger, Currywurst,

das frische Pils so für den Durst,

all dieses schiebt man rein mit Kraft,

zum täglichen Verzehr.

AUCH DIE TOLLEN!

Auch die Tollen werden älter,
keiner bleibt für ewig jung,
trinken heute Tee und Selter,
schöpfen aus Erinnerung.

Früher konnt man was vertragen,
Mensch, was war das Saufen schön.
Ja, man soff in allen Lagen,
sitzend, liegend und im Stehn.

Heute streiken die Organe,
keines läuft mehr richtig rund.
Hilfe bringt nun Lebertrane,
vor dem Mahl zur vollen Stund.

Nein, man kann sich nicht verschließen,
merkt man doch der Stützstrumpf kneift.
Soll's die Laune nicht verdrießen,
wenn's Gelenk schon längst versteift?

Klarer Blick fehlt, alles trübe,
Haut liegt faltig oben auf,
und der Kalk in mancher Rübe,
kürzt rapid den Lebenslauf.

War's nicht schön, ohn dies Gerüttel,
als beim Tanz man sich gedreht,
nun blockiert ein Schmerzgeschüttel,
dass durch Deine Hüften weht.

Ach, was war'n das noch für Tage,
als man Steak genüsslich aß.
Heute, mit Gebisseinlage,
macht das Müsli grad noch Spaß.

Welche Stille um die Ohren,
nichts dringt durch, ob leis, ob grell.
Augen schauen, arg verloren,
weil nichts quält das Trommelfell.

Schlaf wird häufig unterbrochen,
das für sich ist keine Schand.
Doch, wer's spürt, dies Blasenpochen,
nimmt die Beine in die Hand.

Kein Termin wird mehr vergessen,
steht beim Arzt zuerst bereit.
Ändern tun sich Interessen,
in der langen Lebenszeit.

VON UND ZU!

Bald schon möcht ich mich vermählen,

so sprach kess die Lieselott.

Werd mir ein von Adel wählen,

aus dem Hause Bernadotte.

Sollten sich die Prinzen ducken,

weil ich nicht von ihrem Stand,

werd ich nach 'nem Edlen gucken,

in dem schönen Holsteinland.

Ein von Adel muss ich finden,

dann erst hab ich meine Ruh,

der gewillt ist, sich zu binden,

dass ich werd 'ne Von und Zu.

HOFFNUNGSLOS!

Da die Jugendzeit vorüber,
nur die Akne mir noch blieb,
wird die Hoffnung sichtlich trüber,
dass ein Mädel mich hat lieb.

Eine Unzahl roter Streusel,
ziert seit Jahren mein Gesicht,
ob ich jemals hör „Gesäusel",
daran glaub ich leider nicht.

Keins der Mittel, die ich nutzte,
half mir je aus meiner Not,
ob ich cremte oder putzte,
nie kam meine Haut ins Lot.

Eines könnt ich noch versuchen,
tob im Karneval mich aus.
Dann als lecker Streuselkuchen,
lock ich manche süße Maus.

MEINE BRILLE!

Meine Brille ist so schmutzig,
kann so gar nicht recht was sehn.
Alle Menschen, das ist putzig,
seh ich nur als Schemen stehn.

Darum, putzen ist schon wichtig,
ohne dem siehst Du nix klar.
Denn wenn wieder alles sichtig,
kannst man kieken wunderbar.

Ob's nun immer grade richtig,
dass man hat den klaren Blick.
Wär oft gut, man wär verzichtig,
hält beim Gucken sich zurück.

NEBEL!

Nächtens dichte Nebel wabern,

Augenpaare stieren blind.

Schritte, die herumkantabern,

keiner weiß, von wem sie sind.

Zögerlich die Finger tasten,

ängstlich weit nach vorn gestreckt.

Bloß nicht eilen und nicht hasten,

sonst setzt ein der Knalleffekt.

WENN ICH GÄHNE!

Immer, wenn ich gähne,
läuft aus dem Aug 'ne Träne,
verhindern kann ich's nicht,
mir mitten durchs Gesicht.

Meistens, wenn ich niese,
hört an sich mein Geschieße,
ich kann da nichts dazu,
wie etwa hatschipu.

Komisch, wenn ich huste,
erinnert mein Gepruste,
was immer auch der Grund,
an einen kranken Hund.

Oftmals, wenn ich lache,
erinnert mich die Sache,
gar fürchterlich verhunzt,
ans Schweinchen, wenn es grunzt.

Selten, dass ich weine,

doch wenn durch mein Gegreine,

komm einfach nicht zur Ruh,

mit meinem Hu, Hu, Hu.

NICHT KLECKERN!

Immer klotzen, niemals kleckern,

wenn die Möglichkeit besteht.

Klar die Leute werden meckern,

doch nimm mit, was immer geht.

OPA KAUFT EIN!

Morgens schon in aller Frühe,
drängt es mich zur Bäckerei.
Geb mir stets die größte Mühe,
dass ich „da" vorm Alten sei.

Denn seitdem der Herr auf Rente,
kauft er hier, was tags er braucht.
Oft nur die Sekunde trennte,
dass er vor mir aufgetaucht.

Jede Menge Handwerksleute,
die's zum Käs- und Mettbrot treibt,
zwingt er leider, nicht nur heute,
dass man länger hier verbleibt.

Denn der Alte, Liebe, Gute,
weiß nie recht, was er so will.
Jener schafft aus Hastgespute,
dass es hinter ihm wird still.

Dieses Brötchen hier, Frau Thode,
dies mit Sonnenblumenkern,
ist das jetzt erst neu in Mode,
mag das überhaupt wer gern?

Brötchen hab ich und die Butter,
Milch und Eier hab ich auch.
Kuchen noch, als Kaffeefutter,
wie's seit Langem bei uns Brauch.

Gib man gerne vier mit Sahne,
zwei mit Streusel noch dazu.
Alles hofft zwar, doch ich ahne,
dieser Kerl gibt noch nicht Ruh.

Joo, dann brauch ich noch Lektüre,
nach dem Frühstück les ich Bild.
Möchte gern, dass ich erführe,
was die Merkel führt im Schild.

Ham wir alles nun zu fassen,

kommt die Frage fast gequält.

Nur ein Ja, könnt hoffen lassen,

doch die Antwort von ihm fehlt.

Alle Leute hier im Raume,

dibbern, Opa, komm sag Ja.

Wie aus einem schlechten Traume,

hört man plötzlich „alles da".

Abkassiert in Windeseile,

schon ist Opa Nostalgie.

Schnell verpack ich meine Teile,

so ich dann von dannen zieh.

TRITTBALLSPIEL!

Ein großes Feld mit Gras belegt,
rein optisch wirkt es meist gepflegt
und um die Fläche drum herum,
steht trötend, schreiend Publikum.

Auf diesem Feld, was sich halbiert,
stehn Treter, zweimal elf, platziert.
Von denen tritt mit seinem Bein,
so mancher fies auf Rundes ein.

Das Runde nennt der Fachmann Ball,
der wird gebraucht, auf jeden Fall,
denn Regeln schreiben Tretern vor,
mit „Tritten" muss der Ball ins Tor.

Zwei Pfosten mit 'ner Latte quer,
das ist das Ziel im Trittverkehr.
Ein jeder Treter sich nun denkt,
aha, hier wird der Ball versenkt.

Es wird gegrätscht, geschlenzt, gefoult,
bis mancher Treter giftig mault.
Ein Herr mit Pfeife tut 'nen Pfiff,
hat so das Treiben schnell im Griff.

Als Teamsport, Trittball sich versteht,
wie traurig, wenn wer Abseits geht.
Es tut mir leid, der arme Spatz,
so „Abseits" auf dem großen Platz.

Ach ja, am End ist meistens klar,
denn keiner tritt so wunderbar.
Tritt jeden Gegner an die Wand,
und das ihr Leut, heißt deutsche Land.

Uns „Uwes" Meinung!

Will ma sagen, sach ma so,
heute bin ich sehr, sehr froh,
unsre Jungs ham das gemacht,
was ich vorher mir gedacht.

Immer flott nach vorn ihr Zug,
keiner weite Flanken schlug,
sondern elegant, klein, klein,
lief der Ball durch Gegners Reih'n.

Was mir noch sehr, sehr gefiel,
war nach Hinten unser Spiel,
alle ham wie sich's gehört,
schon im Mittelfeld gestört.

Sach ma so, war dieser Sieg,
in der Höhe, hoch verdient.

VATERTAG!

Die Väter zieht's am Vatertag,
hinaus in die Natur.
Sie stromern, wie man's gerne mag,
durch Felder, Wald und Flur.

So mancher Trupp ein Liedchen singt,
vom Müller und der Lust.
Der wandernd seine Hufe schwingt,
ertönt's aus voller Brust.

Ein Wägelchen für Trank und Wurst,
den zieht man hinterher.
Das Wandern macht bekanntlich Durst,
drum trinkt man heut gern mehr.

Und wenn dann noch die Sonne brennt,
wird's spärlich mit der Kraft.
Dann ist, was durch die Kehle rennt,
zumeist der Gerstensaft.

Grad dieser sorgt für weiche Knie,
das Laufen fällt nicht leicht.
Manch Väterchen fragt sich nun wie,
er bloß sein Heim erreicht.

Mit dunem Kopf und Schmerzgestöhn,
nach Haus mit Ach und Weh,
und auf die Frage „war's denn schön";
sagt er, „von wegen, nee!".

WACKEN!

Es gibt dort dies Örtchen,
im Holsteiner Land,
das weltweit den Menschen,
als Wacken bekannt.
Hier zeigen die Finger
ein offenes Horn,
man hebt sie zum Gruße
und streckt sie nach vorn.

Die Fans zieht's in Strömen,
hinaus auf das Feld,
wo riesige Bühnen
für Bands aufgestellt.
Bald dröhnt die Musike,
mit wummernden Hall,
lässt fetzen die Töne,
so hart wie Metall.

Sie schütteln die Köpfe,

ihr Haar fliegt im Takt,

so mancher im Rausche,

steht obenrum nackt.

Ob Sonne, ob Regen,

den Fans ist's egal,

sie machen auf Party,

das ist hier normal.

Schwarz ist die Farbe,

auf die man hier guckt,

weiß ist der Schädel,

aufs T-Shirt gedruckt.

Das Bier grüßt in Bächen,

den durstigen Schlund,

und wenn keiner durstig,

der säuft sich 'nen Grund.

Im Laufe der Tage,

erlebt man manch Star,

mit Stolz wird wer sagen,

das bei Ozzy er war.

Die Menschen sie kommen,

von nach und von fern,

sie lieben ihr „Wacken",

sie haben es gern.

Ja, geht sie zu Ende,

die metallene Zeit,

nach einem Jahr Pause,

ist man wieder bereit.

Man soll sich nicht grämen,

alles geht mal vorbei,

nur sicher hält ewig,

über'm Arsch das Geweih.

IST ES WAHR?

Ist es wahr, Du bist ein Bulle,
richtig so mit Schießgewehr,
Blaulicht an und volle Pulle,
immer durch den Stadtverkehr?

Mensch, das find ich große Klasse,
auch die super Uniform.
Dieses Blau hebt aus der Masse,
setzt Dich ab von jeder Norm.

Junge, Junge, und die Mütze,
das ist erst ein schräges Teil.
Wer sie trägt braucht wenig Grütze,
sie allein macht klug und steil.

Sag mal, hast Du für die Arme,
etwa auch die Schellenacht?
Die dem Diebe beim Alarme,
schnell als Fessel umgemacht?

Ja, will sagen, erste Sahne,
wie das alles bei Dir klappt.
Jeder Sünder hisst die Fahne,
wenn Dein Griff ihn sich geschnappt.

Alles Übel geht zu Ende,
kein Ganove bleibt mehr frei.
Wenn Du kommst erfolgt die Wende,
denn Du bist die Polizei.

DAS TANZPAAR!

Im Takt der alten Weisen,
die Zwei sich schwungvoll drehn.
Ihr Gleichklang ist beim Kreisen,
gar herrlich anzusehn.

Geschmeidig in den Hüften,
so Eins in ihrem Tanz.
Wie gut sie sich verknüpften,
zum Paar mit Eleganz.

Geführt von ihm, sie gleiten,
vergnügt auf dem Parkett.
Sie schaut nach allen Seiten,
und lächelt recht kokett.

Es wirkt, als sagt ihr Schweben,
nicht jeder kann's wie wir.
Wir sind in diesem Leben,
die wahren Meister hier.

Ihr Flaschen müsst noch üben,
und bitte nicht zu steif.
Ihr seid, das kann betrüben,
fürs Meisterpaar nicht reif.

WEG ZUM ZIEL!

Auf oftmals krummen Wegen,
erreicht man auch sehr viel.
Man muss sich halt mehr regen,
bevor man sieht sein Ziel.

DER JUBILAR!

Aus dem Kreise seiner Gäste,
tritt der Jubilar hervor.
Grad, mit schrill gesetzten Tönen,
ehrt den Herrn der Damenchor.

Schon kommt jeder ins Gesinge,
dreifach Hoch, erklingt es laut.
Tief bewegt erscheint der Gute,
wie er aus der Wäsche schaut.

Und nun schwingt wer eine Rede,
hört, es spricht der Präsident.
Dieser schleimt von guten Taten,
die er nun zu Recht benennt.

Vor dem Saale dröhnt Musike,
tschingdarass die Feuerwehr.
Die bald spielen ihre Lieder,
dank der Schnäpse, kreuz und quer.

Alle sind sie heut gekommen,
so die Herrn vom Schachverein.
Ihm zu Ehren will man schweigen,
ein Minütchen soll schon sein.

Da, jetzt dreh'n sich in Kostümen,
Paare die nicht recht im Takt.
Schon kommt man sich ins Gehege,
bis manch Paar zu Boden sackt.

Auch die Jüngsten, seine Enkel,
singen Opa frisch ein Lied.
Hänschen klein ist grad verschwunden
ohne Gruss von Mutter schied.

Und es folgt noch manche Rede,
denn man steht ihm ja so nah.
Jeder will nur Gutes sagen,
überhaupt und bla, bla, bla.

Schaut der Jubilar aufs Ganze,

wird ihm plötzlich sonnenklar.

Keiner hier war jemals toller,

fühlt sich heut als Superstar.

ER SITZT IM ECK!

Er sitzt im Eck, ganz unscheinbar,
verhält sich so, wie's immer war.
Hat nie geklagt, tut was er muss,
doch heute sorgt er für Verdruss.

Es ist ihm fad, sagt mir sein Ruck,
sein sanfter Zug, mit leichtem Druck.
Mir schwant, als gäbe er Signal,
beachte mich, verdammt noch mal.

Und wie es halt im Leben ist,
man allzu schnell was war, vergisst.
Ob das so klug, mir fraglich scheint,
denn merk ich doch, der Gute greint.

Er ruckt nicht mehr, jetzt klopft er an,
und zwar mit Macht, oh Mann, oh Mann.
Wieso denn nur, mein Zorn sich regt,
war immer gut, hab Dich gepflegt.

140

Doch Du mit deinem „Poch, Poch, Poch",

auch wenn erscheint ein Riesenloch,

Du nervst, Dich reiß ich aus der Bahn,

Du mieser, kleiner Backenzahn.

DU BIST SAUER!

Ich glaube, du bist sauer,
warum, nur sag warum?
Dein Tonfall klingt viel rauer,
warum denn nur, warum?

Liegt es an meinen Flausen,
die dümmlich und zu flach,
dir auf die Nerven sausen,
nur, weil ich Scherzchen mach?

Ich kann es gut verstehen,
man ist nicht immer drauf.
Drum hör ich so besehen,
auch gleich mit Scherzen auf.

Doch eines möcht ich sagen,
das macht für später Mut.
Das Dümmliche ertragen,
kann man mit lächeln gut.

Nun sei man nicht mehr sauer,

ich halt ja schon den Rand.

Bin für die Zukunft schlauer,

sonst seh ich nie mehr Land.

DER REICHE!

Wer reich ist, wird stets sagen,

so ist die Welt gerecht.

Doch geht's ihm an den Kragen,

ist plötzlich alles schlecht.

DUMME GANS!

Früher war's das süße Küken,
später nur noch dumme Gans.
Wie sich doch die Meinung ändert,
fehlt dem Tier der süße Glanz.

Auch dem Kälbchen geht's nicht anders,
wird gar bald zur blöden Kuh.
Muhen kann sie was auch immer,
niemand hört ihr wirklich zu.

Ob als Lämmchen oder Ferkel,
alle war'n sie klein so nett.
Doch sobald ein Tierchen älter,
steht vorm Namen dumm und fett.

So betitelt von den Menschen,
nutzt man gern der Tiere Art.
Um Personen zu beschimpfen,
wird an Grobheit nicht gespart.

LIEBER SOHN!

Mutter, oh Mutter,

was soll ich nur tun?

Mich quälen heut Träume,

das lässt mich nicht ruh'n.

Lieber Sohn, ich staune sehr,

wenn ein Kopf, wie Deiner leer,

plötzlich träumt ganz ohne Grund,

sag mein Kind, bist Du gesund?

Mutter, oh Mutter,

ich spür was in mir.

Ich habe Gedanken,

die vorher nicht hier.

Lieber Sohn, komm denk nicht dran,

denken passt zu keinem Mann.

Mann wird nur mit Kopf gebor'n,

für den Halt der beiden Ohr'n.

Vater, oh Vater,

du siehst mich verwirrt.

Das Männer nicht denken,

ob Mutter sich irrt?

Nein, mein Sohn, die Frau irrt nicht,

uns erscheint durchs Aug ein Licht,

das uns sagt, so blitzeschnell,

jenes Bier ist weizenhell.

Spricht die Nase, riecht famos,

nicht mehr zögern, trink man los,

hat der Mund gar schnell entdeckt,

oh, wie lecker, Bierchen schmeckt.

Darum, nie ein Mann was „denkt",

weil ihn Aug und Nase lenkt.

DER FRÜHLING KOMMT!

Der Frühling bricht mit Macht herein,
man streckt die müden Glieder.
Erwecket nun per Sonnenschein,
all Blümchen und den Flieder.

Manch Vöglein sich ein Nest nun baut,
setzt sich zum Brüten nieder.
Bald jene, die dort piepsen laut,
erwarten ihr Gefieder.

Ins Grüne strebt mit ihrem Mann,
auch Lisa mit dem Frieder.
An ihr ist üppig alles dran,
doch er wirkt reichlich bieder.

Genießt jedoch was diese ziert,
auch heut trägt sie es wieder.
Ein jedes Pfündchen gut platziert,
im prall gefüllten Mieder.

Ach, schön ist doch die Frühlingszeit,

setzt man sich wieder nieder.

Zum Singen voller Fröhlichkeit,

der altbekannten Lieder.

WALKÜRE!

Direkt vor meiner Nase,

ein Weib walkürengleich,

mit Zähnchen à la Hase,

und Pfunden überreich.

Sitzt vor mir in der Reihe,

versperrt mir jeden Blick,

zwar vieles ich verzeihe,

nur nicht dies Stiergenick.

Wie ich mich hier auch winde,

bleibt mir die Sicht verstellt.

Ich fühl mich wie der Blinde,

dem gar nichts sich erhellt.

Ich starr wie gegen Wände,

ein jeder kann gut sehn.

Nur ich hab dieses Ende,

werd' wieder heimwärts gehn.

EIS UND SCHNEE!

Was ich nicht so gerne mag,
ist im Winter der Belag,
wenn der Schnee hoch aufgetürmt,
und es draußen eisig stürmt.

Das empfinde ich als Graus,
wenn es heißt die Schieber raus,
rechts ich schiebe und auch links,
mit dem doofen Schieberdings.

Hast mit Müh die Wege schier,
liegt es bald schon doppelt hier.
Neuschnee sorgt und frischer Wind,
dass wir stets beschäftigt sind.

Noch ein Übel in der Tat,
ist dies grobe Granulat.
Stets die Wohnung ist sein Ziel,
weil's verhakt im Schuhprofil.

Auch für Hasen, Hirsch und Reh,

ist's nicht schön der tiefe Schnee.

Bringt die Tiere schnell in Not,

bei dem Kampf ums täglich Brot.

Drum verzicht ich allzugern,

halt von Schnee und Eis mich fern.

Lass die Zeit vorüber ziehn,

wohlgewärmt vor dem Kamin.

DER SCHWERENÖTER!

Ein Mädel kam nach Wilster,
nach Wilster an der Au,
hier wurde sie verführet,
ging heim als junge Frau.

Karl-Otto heißt der Schöne,
ein Schleimer vor dem Herrn.
Er wiegt sich gern im Tanze,
wie's jede hat so gern.

Bald säuselt er den Süßen,
viel Honig ins Gehör,
gesteht beim dritten Liede,
„ich liebe Dich, ich schwör."

Das glaubt fast jedes Mädel,
sie tun ei'm ja so leid,
verlief's in seinem Sinne,
bleibt schnell allein, die Maid.

Doch weder Harm noch Trauer,

bewegt sein hartes Herz.

Er ist ein Schwerenöter,

sieht's an als Sport und Scherz.

Wer jemals seine Nächte,

in Wilster hat verbracht,

der achte das Karl-Otto,

kein Nachwuchs Dir gemacht.

SCHNECKEN!

Ich mag die Schnecken, wenn sie nackt,
in meinem Garten nicht.
Sie wieseln rum, es ist vertrakt,
als wenn sie Hafer sticht.

Sie winden sich, da ist man platt,
selbst in den Apfelbaum.
Ihr schneller Sprung von Blatt zu Blatt,
erfasst das Auge kaum.

Wenn's dunkel ist zur späten Stund,
dann werden sie mobil.
Hör ihr Geschrei im weiten Rund,
es wird mir bald zuviel.

Noch eins, was ich nicht leiden kann,
weiß gar nicht, was das soll.
Ich sag, spricht mich 'ne Schnecke an,
komm schleim dein Schnecker voll.

FLIP-FLOPS!

Ich trage sie seit Langem schon,
zu jeder Jahreszeit.
Sie formten einst bei meinem Sohn,
die Füße so schön breit.

Das schaut ich mir als Vorbild ab,
bin mächtig dankbar heut.
Ich geh zwar wie im Ententrab,
hab's bisher nicht bereut.

Die Flip-Flops sind die Wunderschuh,
womit ich mich trainier.
Mein Fußbild nimmt an Breite zu,
wird immer mehr zur Zier.

Jetzt ist vollbracht mein Meisterwerk,
hab gestern mich getraut.
Ich stampfe nun bei Hengstenberg,
das feine Sauerkraut.

WAS SACHE IST!

Ich bin der grade Hansel,
sag stets was Sache ist.
Vermeide Rumgefransel,
verpön die Hinterlist.

Ich mag nicht falsche Schläue,
nichts Wirres auf dem Tisch.
Ich halt's mit Deutungstreue,
bin fern dem Denkgemisch.

Wem nützt das Wortverdrehen,
versteckter Handlungssinn.
Sagt mir, dies so angehen,
schaut her, wie klug ich bin?

Warum nicht klare Sätze,
für jedermann Gebrauch,
geziertes Hochgeschwätze,
lähmt mich und andre auch.

156

DAS BILD!

Ein Bild aus frühen Tagen einst,
schob sich in meinen Blick.
Dein Lächeln drauf, so herzlich, reinst,
strahlt Freude aus, und Glück.

Seh Bub an deiner Brust im Arm,
saugt stetig und in Ruh.
Gewiegt so zart, hältst du ihn warm,
schau Euch in Ehrfurcht zu.

Mein Herz wird schwer, denk ich daran,
spür Bub noch auf dem Schoß.
Er wuchs so schnell, der kleine Mann,
denn heute ist er groß.

Er ging hinaus in seine Welt,
wir Alten nun allein.
Das ist der Lauf, ob's nun gefällt,
so wird's wohl immer sein.

SONNENBRAND!

Er hält genüsslich sein Gesicht,
zum Bräunen in das Sonnenlicht,
auch Arme und die Beine,
bestrahlt vom Sonnenscheine.

Er aalt sich in der warmen Luft,
so zart umhaucht vom Blumenduft,
entfleuchen ihm die Sinne,
in einem Schlaf dahinne.

Nach Stunden reger Träumerei,
sieht er, von Müdigkeit nun frei,
Verbrennung, dunkle Röte,
spürt, seine Haut hat Nöte.

So rüde, Sonne, wollt ich's nicht,
auf diesen Schmerz, ich gern verzicht.
Die Röte ich nicht meune,
statt Blasen wollt ich Bräune.

DIE DICHTERHERRN!

Im Kreis erlauchter Dichterherrn,
war er das kleinste Licht.
Er lauschte ihrem Wort so gern,
recht dichten konnt er nicht.

Bot mancher seine Künste dar,
war's ihm die größte Freud.
Zu hör'n, wie fein, gesetzt doch war,
die Sprache dieser Leut.

Verschlungen zart, so klug und weis,
umfängt ihn Poesie.
Und wenn er eines sicher weiß,
so dichten könnt er nie.

ZUR KONTROLLE!

Vertraut mir ihre Nähe,
seh sie im Garten oft.
So biegsam wie die Rehe,
braunäugig, schön und soft.

Sie sonnt sich viel im Grase,
blank aller Kleidung pur,
dann schau ich gern durchs Glase,
interessehalber nur.

Ich mach's nur zur Kontrolle,
will wissen, was passiert,
drum find ich's auch so tolle,
wenn man durchs Fernglas pliert.

Doch kürzlich rief ihr Gatte,
das war für mich ein Schock,
weiß gar nicht, was der hatte,
„verschwind, du geiler Bock.“

BEI NELLY!

Bei Nelly in der Bratstation,
geht's munter hin und her.
Hier herrscht ein eher rauer Ton,
das stört jedoch nicht sehr.

Was kriegst denn Du, nun sag was an,
ich hab nicht ewig Zeit.
Ne Curry, Pommes, mit was dran,
okay, steht gleich bereit.

Ein halben Hahn, die Haut schön resch,
und Pommes mit dabei?
So ist das gut, man immer fesch,
red Dir die Lunge frei.

Hier hast Dein Kram, dann hau man rein,
wünsch guten Appetit.
Ein Heiermann, das soll's wohl sein,
für all den ganzen Schiet.

Der nächste nun, man zack, man gau,
sagt an, wer braucht noch was.
Hier, ihr'n Salat, min beste Frau,
frisch aus dem Gurkenfass.

Zwei Bier für Hein, 'ne Cola auch,
geht los, ich zapf noch dran.
Die krieg ich grad noch aus dem Schlauch,
muss Fässer wechseln dann.

So, alle was, dann ist man gut,
dann schmatzt man richtig zu.
Ich sammel kurz mal frischen Mut,
und schmök mich ein in Ruh.

MEINE SCHUHE!

Ihm fehlt der Fuß, mein Schuh ist leer,
liegt unnütz nur so rum.
Weil ohne Halt, biegt sich doch sehr,
die Gummisohle krumm.

So hab ich mir, war die Idee
ganz einfach mal gedacht.
Ich nutz die Schuh, per kurzem Dreh,
gleich doppelt über Nacht.

So wieg ich mich, auch morgens schon,
beim Gehen in den Schlaf.
Und im Büro, beim Telefon,
da ruht mein Kopf so brav.

Doch nächstens dann, klemm ich die Schuh,
mir unters Bettgestell.
Das Wippen sorgt für meine Ruh,
gar prächtig gut und schnell.

SICHER IST!

Sicher ist, schau ich nach oben,
zieht sogleich der Himmel zu,
alles Blau ins Grau verschoben,
und der Regen fällt im Nu.

Sicher ist, wünsch ich zu speisen,
sitz bequem im Speisehaus.
Hör ich prompt den Spruch, den weisen,
heute Essen, leider aus.

Sicher ist, wie schon seit Jahren,
wenn ich grad mal frisch verliebt,
musste ich so oft erfahren,
wie sich wer dazwischen schiebt.

Sicher ist, in meinem Leben,
lief es nie so recht nach Wunsch,
wollt ich zünftig einen heben,
gab's statt Sekt nur wieder Punsch.

Sicher ist und so gesehen,

ändert sich bei mir nicht viel,

die Symptome nie vergehen,

bleib als Tollpatsch gern ihr Ziel.

VON OBEN!

Er ist so hoch, wie andre nie gesprungen,

sein Weg galt nur der süßen Fülle Macht.

Im harten Kampf die Spitze sich errungen,

ist heute, der von oben runterlacht.

NICHTS ALS DIE WAHRHEIT!

Glanzentglanzter Dunkeldumpf,

trittbefreit im Saugesumpf.

Erbsgesuppter Darmenrest,

Nasgerümpf durch Luftverpest.

Niesgewurzter Pflanzenstink,

unbegrüsstes Winkewink.

Riffgerafftes Plätschernass,

Rebgepansch im Weinefass.

Langbehaarter Glatzenkopf,

farbentfärbt sein Pagenkopf.

Torbeschießer Tretefuß,

pflaumensüß das Hackemus.

Weichbefreites Kratzehemd,

gleicherkannt den Istmirfremd.

Istnochda der Gehjetztfort.

alleswahr ein Jedeswort.

DIE SEEBESTATTUNG!

Am Kai liegt still das Motorboot,
mit Tampen fest vertäut.
Schon bald wird Opa, der nun tot,
von hier ins Meer gestreut.
Er liebte Möwen, Dünen, Meer,
drum war's sein letzter Wunsch.
Versenkt mich dort ohn Wiederkehr,
und gönnt Euch noch 'nen Punsch.

Der Kuddel fesch in Schwarz gezwängt,
trägt Opa Richtung Schiff.
Doch leider sich sein Fuß verhängt,
verliert ihn aus dem Griff.
Klein Opa streut sich übers Land,
nicht lang währt Kuddels Not.
Schüppt in den Pott statt Opa, Sand,
bevor noch Ärger droht.

Die Sippe steht zum Ehrgeleit,

versammelt nun an Bord.

Die Trauer macht sich merklich breit,

so schippert man hinfort.

Die See heut rau und aufgewühlt,

leicht grünlich manch Gesicht.

Ihr Magen zuviel Ballast fühlt,

befreit sich vom Gewicht.

Nun ist erreicht der Punkt Final,

für Opas letzte Ruh.

Der Pastor gibt im Regenstrahl,

noch seinen Senf dazu.

Auf, sink dahin, nimm Segen mit,

von deinem lieben Gott.

Der Kuddel macht 'nen kurzen Schritt,

und rein mit Opas Pott.

Jetzt läuft der Punsch und heißer Tee,

paar Schnittchen gibt es auch.

Das wärmt den Lüd auf hoher See,

die Füße und den Bauch.

Manch einer kriegt vom Punsch zuviel,

und wird schon fast gemein.

Beklagt, es sei ein übles Spiel,

sein Erbteil sei zu klein.

So mittenmang der Kuddel steht,

und achtet darauf, falls,

sich jemand an die Gurgel geht,

und dreht am Nachbarhals.

Doch bald, die Stimmung hat gedreht,

der Punsch hält kuschelwarm.

Wie plötzlich jeder sich versteht,

man fällt sich in den Arm.

Old Shantys nun die Sippe singt,

grölt in den Tag hinaus.

Der Kahn mit all den Wellen ringt,

fährt tapfer sie nach Haus.

Am Kai, der Kuddel reicht die Hand,

sagt allen noch „Ade".

Und stutzt, als er die Nummern fand,

von mancher Trauerfee.

Uns Kuddel meint, wenn man verbleicht,

und will partout ins Meer.

Nicht immer man sein Platz erreicht,

liegt oft an Land verquer.

Und außerdem und überhaupt,

wenn man so recht bedenkt,

die Sippschaft meistens Nerven raubt,

man will sie nicht geschenkt.

ABSCHIED!

Ja, ich weiß, wie schwer das ist,

wenn der Abschied naht.

Ohne Reim wird's leider trist,

einsam, öd und fad.

Nichts mehr, was das Herz erfreut,

alles still und leer.

Doch ich sage Dank für heut,

war mir Freud und Ehr.

Ihr

Burkhard Öhlrich